Das
LEUCHTTURM
MALBUCH
Nord- und Ostsee

Pilsumer Leuchtturm

Niedersachsen - Westerems - N53°29'53'', E07°02'44''

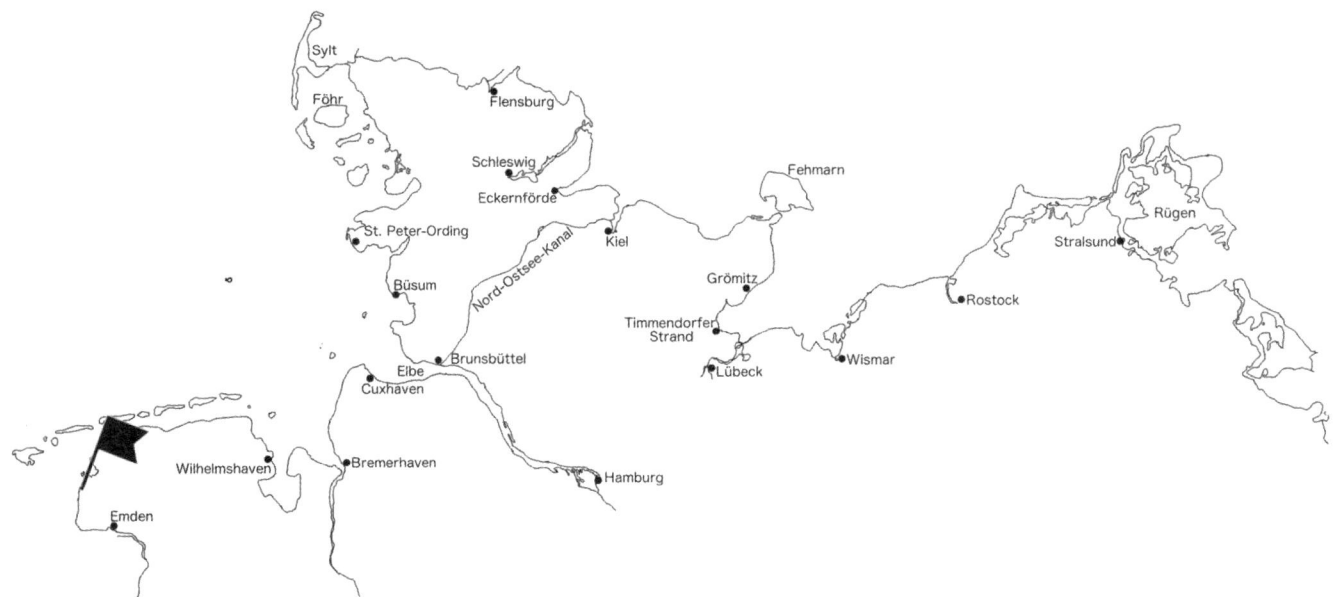

Kennung: F Glt 3s Blk (2) 8,5s (gelöscht 1919)

Baujahr: 1889

Turmhöhe: 11m

Feuerhöhe: 15m

Optik: Gürtellinse (Fresnel-Linse) mit Otterblenden

Tragweite: weiß 12sm

Der Pilsumer Leuchtturm befindet sich etwa 4 km südwestlich von Greetsiel auf dem Pilsumer Deich. Das Leitfeuer wies Schiffen den Weg durch die enge Emshörnrinne. Das Leitfeuer zeigte im Fahrwasser ein Festfeuer an, und die Warnsektoren wurden mit Blitzen gekennzeichnet, die durch Otterblenden erzeugt wurden.

Wegen Versandung der Fahrrinne verlor der Leuchtturm seine Funktion und wurde 1919 abgeschaltet. Der genietete, rote Eisenturm mit der spitz zulaufenden Kuppel überdauerte die folgenden Jahrzehnte als Tagesmarke.

Der Ringelsockenturm ist für die meisten Menschen einfach nur der Otto-Turm, denn berühmt wurde er durch den Film „Otto, der Außerfriesische" — natürlich mit Otto Waalkes. In diesem Film wohnte Otto im Leuchtturm. Seit Mai 2004 können sich Brautpaare in „Ottos Turm" standesamtlich trauen lassen. Platz für eine große Hochzeitsgesellschaft ist hier allerdings nicht.

Alter Leuchtturm Wangerooge

Niedersachsen - Außenjade - N53°47'20'', E07°53'57''

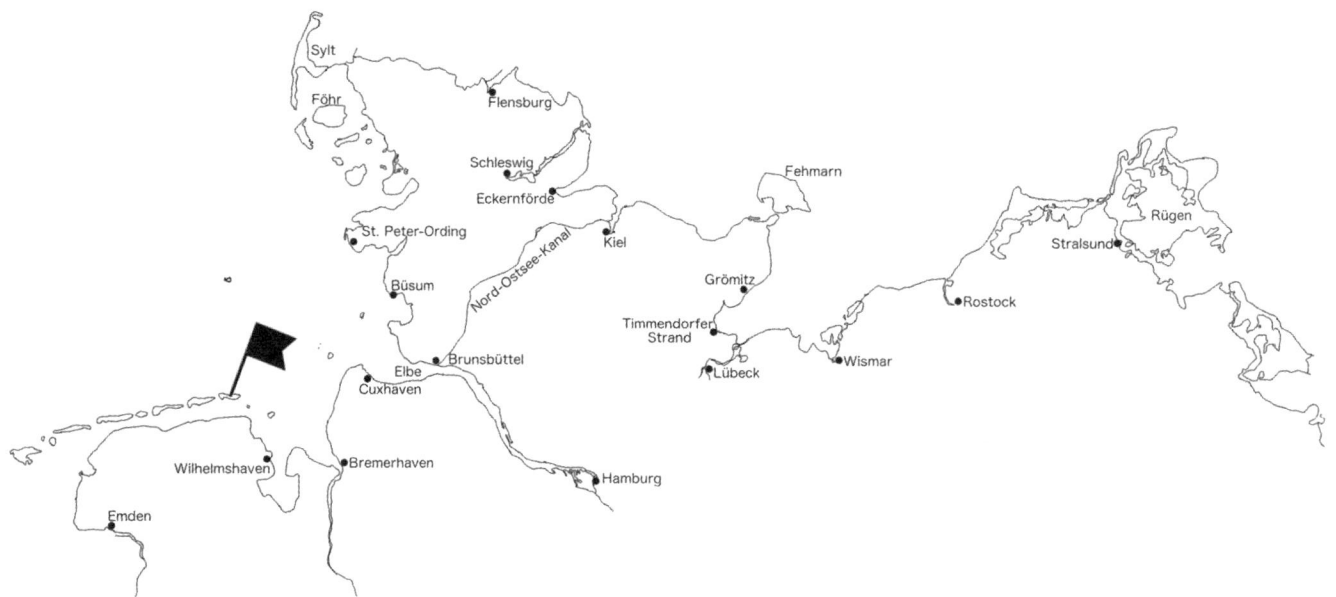

Kennung: F Blz (2) 8s, Blz (3) 16s (gelöscht 1969)

Baujahr: 1856

Turmhöhe: 39m

Feuerhöhe: 36m

Optik: 2 Gürtellinsen (Fresnel-Linsen)

Tragweite: weiß 30sm

Das Feuer vom alten Leuchtturm Wangerooge liegt 30,7 m über normaler Flut. 1878 wurde der Fresnelsche Apparat erneuert und am 15. Oktober 1896 ein Feuer mit einer elektrischen Bogenlampe eingerichtet.

Später wurde der Turm um sieben Meter erhöht und ein Doppelfeuer mit stärkerer Leistung installiert, das eine Reichweite von über 30 sm hatte. Den Strom für das Feuer erzeugten zwei Dampfmaschinen mit Dynamos im Maschinenhaus neben dem Leuchtturm.

Am 09. Dezember 1969 wurde das Feuer gelöscht. Die Gemeinde Wangerooge kaufte den Turm symbolisch für 1 DM vom Wasser- und Schifffahrtsamt und nutzt ihn seit 1972 als Aussichtsturm, den man über 161 Stufen besteigen kann. Seit 1980 ist hier das Inselmuseum untergebracht. In der ehemaligen Wachstube des Leuchtturmwärters wurde im März 1996 ein Trauzimmer eingerichtet.

Leuchtturm Roter Sand

Niedersachsen - Außen Weser - N53°51'11'', E08°04'56''

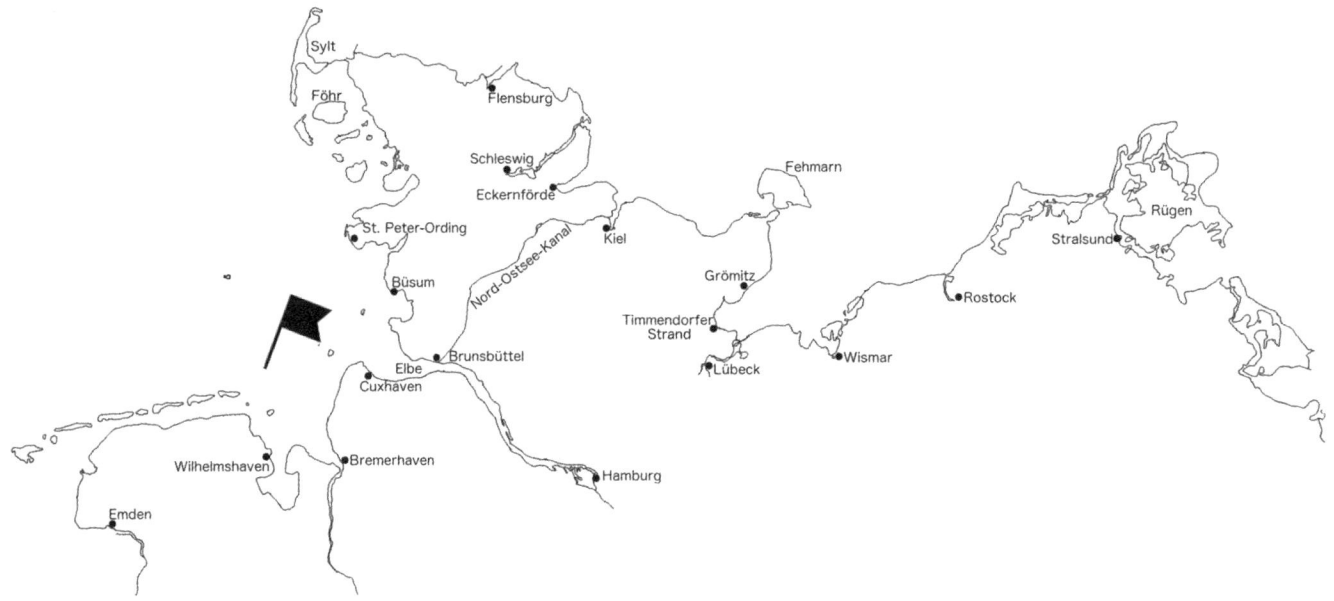

Kennung: F WRG (gelöscht 1986)

Baujahr: 1885

Turmhöhe: 28m

Feuerhöhe: 24m

Optik: Gürtellinse (Fresnel-Linse)

Tragweite: weiß 9sm, rot 7sm, grün 6sm (gelöscht 1986)

Der Leuchtturm Roter Sand wurde in der Außenweser, circa 10 km nordöstlich der Insel Wangerooge, in ca. 8 m Meerestiefe errichtet. Er ist der erste Offshore-Leuchtturm der Welt und gilt als technische Meisterleistung. Diese Pionierarbeit brachte den Häfen Bremen und Bremerhaven großen Aufschwung. Der Leuchtturm Roter Sand sollte der aufstrebenden deutschen Kriegs- und Handelsmarine sicher den Weg durch die Außenweser weisen und wurde zum Wahrzeichen der modernen Schifffahrt in der Kaiserzeit.

Wegen Änderungen im Fahrwasserverlauf wurde das Hauptfeuer 1964 gelöscht, und die Leuchtturmwärter wurden abgezogen. Die Funktionen des Leuchtturms Roter Sand übernahm der moderne Leuchtturm Alte Weser. Das Nebenfeuer im Erker, das seitlich die Fahrrinne „Alte Weser" markierte, brannte noch bis 1986 mit einem automatischen Propangasfeuer.

Majestätisch steht der Leuchtturm Roter Sand mitten im Meer, auf halbem Weg zwischen Bremerhaven und Helgoland. Viele Auswanderer sahen als letztes Stück ihrer alten Heimat diesen Turm: Symbol für Abschied und Einkehr - der letzte Gruß der alten Welt.

Leuchtturm Alte Weser

Niedersachsen - Außenweser - N53°51'48'' , E08°07'39''

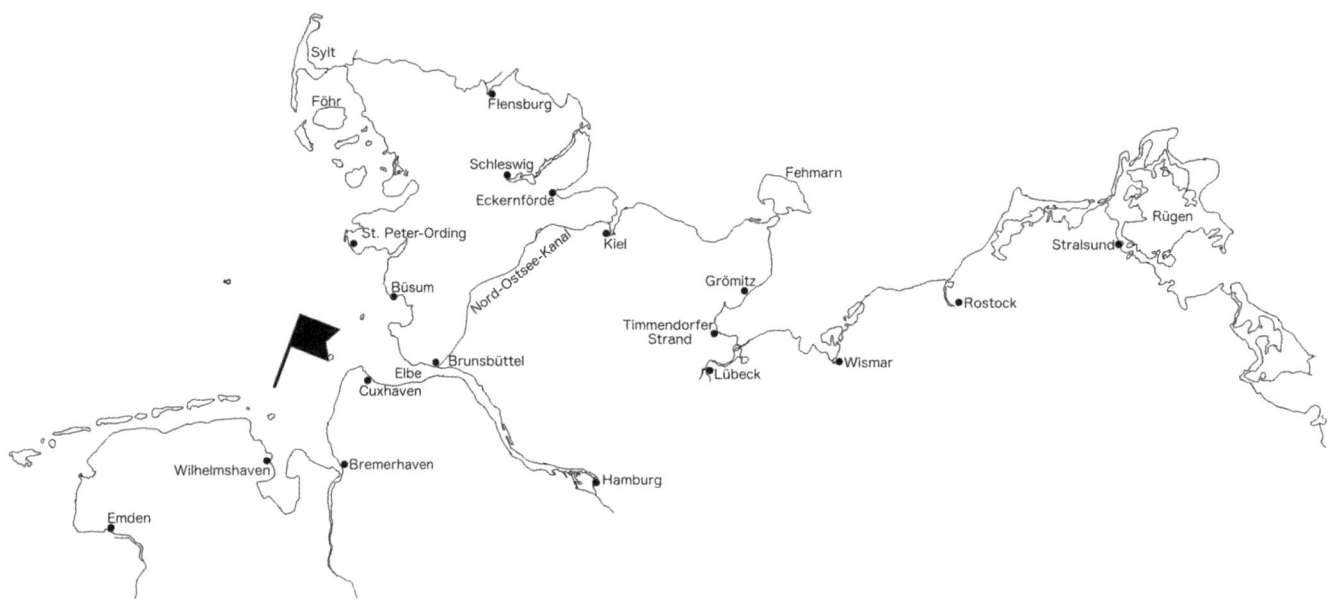

Kennung: F WRG

Baujahr: 1964

Turmhöhe: 38m

Feuerhöhe: 33m

Optik: Doppel-Gürtellinse (Fresnel-Linse)

Tragweite: weiß 23sm, rot 19sm, grün 18sm

Der Leuchtturm Alte Weser wurde von 1961 bis 1964 in der Deutschen Bucht vor der Wesermündung bei Weser-Km 114,87 gebaut. Der Leuchtturm ist mit einem 11 m hohen Brunnenkörper aus Beton mit einem Durchmesser von 15 m in einer Tiefe von 22 m gegründet und durch eine Steinschüttung gegen Ausspülung gesichert.

Die konische Form des Leuchtturms soll den Wellen und dem Eisgang einen niedrigeren Widerstand bieten. Im Turmschaft befinden sich ein Heizöltank, zwei Wassertanks und vier Dieseltanks für die Notstromaggregate.

Der weiße stählerne Aufbau hat einen Durchmesser von 14 m. In ihm befindet sich das Wohndeck mit Unterbringungsmöglichkeit für mehrere Personen. In dem darüber liegenden roten Aufbau mit einem Durchmesser von 16 m liegt das Maschinendeck. Darauf folgen der Dienstraum und darüber der weiße Radargeräteraum.

Der Leuchtturm Alte Weser ersetzte 1964 die Funktionen des Leuchtturms Roter Sand, der wegen Änderungen im Fahrwasserverlauf und Schäden am Fundament aufgegeben wurde.

Leuchtturm Kaiserschleuse (Pingelturm)

Bremen - Unterweser - N53°33'13'', E8°33'36''

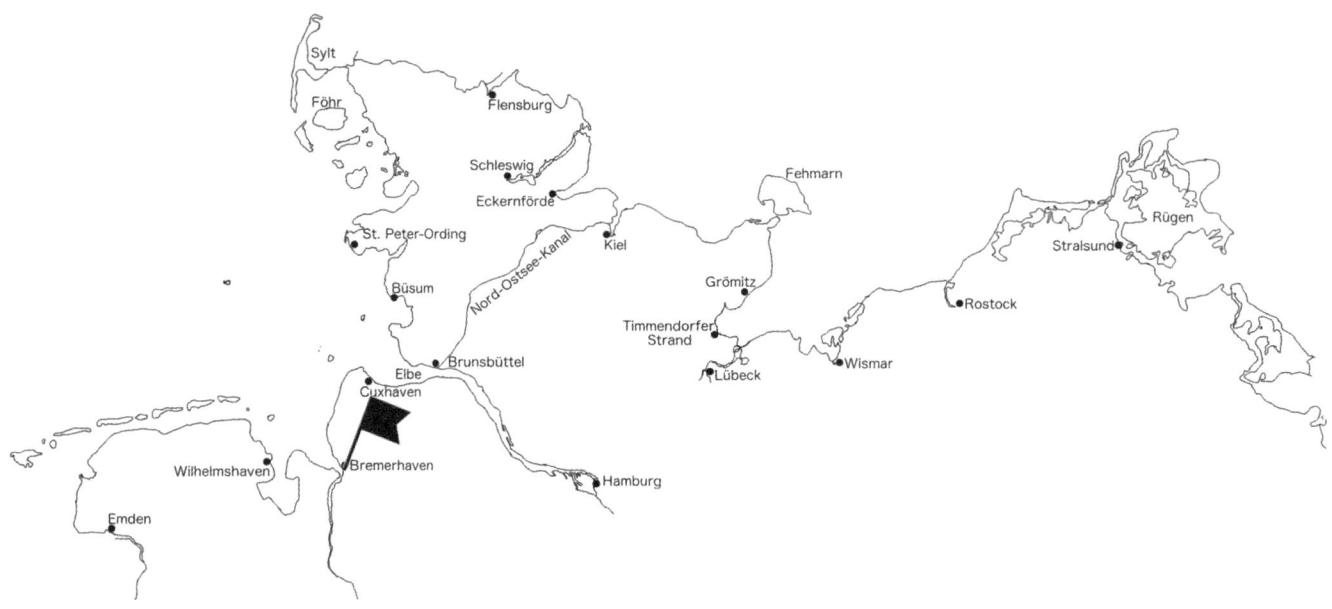

Kennung: F (gelöscht 2011)

Baujahr: 1900

Turmhöhe: 15m

Feuerhöhe: 10m

Optik: einfache Linsenoptik

Tragweite: 5sm

Der Leuchtturm Kaiserschleuse, der im Volksmund auch Pingelturm genannt wird, befindet sich an der Einfahrt des Kaiserhafens in Bremerhaven und ist der einzige Leuchtturm mit Nebelglocke.

Der kleine Leuchtturm steht seit 1984 unter Denkmalschutz. Das Lichtzeichen wurde im Jahr 2011 stillgelegt.

Allerdings trägt der Leuchtturm eine Nebelglocke, die bei Nebel noch in Betrieb ist. Sie schlägt dann viermal schnell nacheinander.

Leuchtturm Neuwerk

Hamburg - Außenelbe - N53°54'55'', E08°29'45''

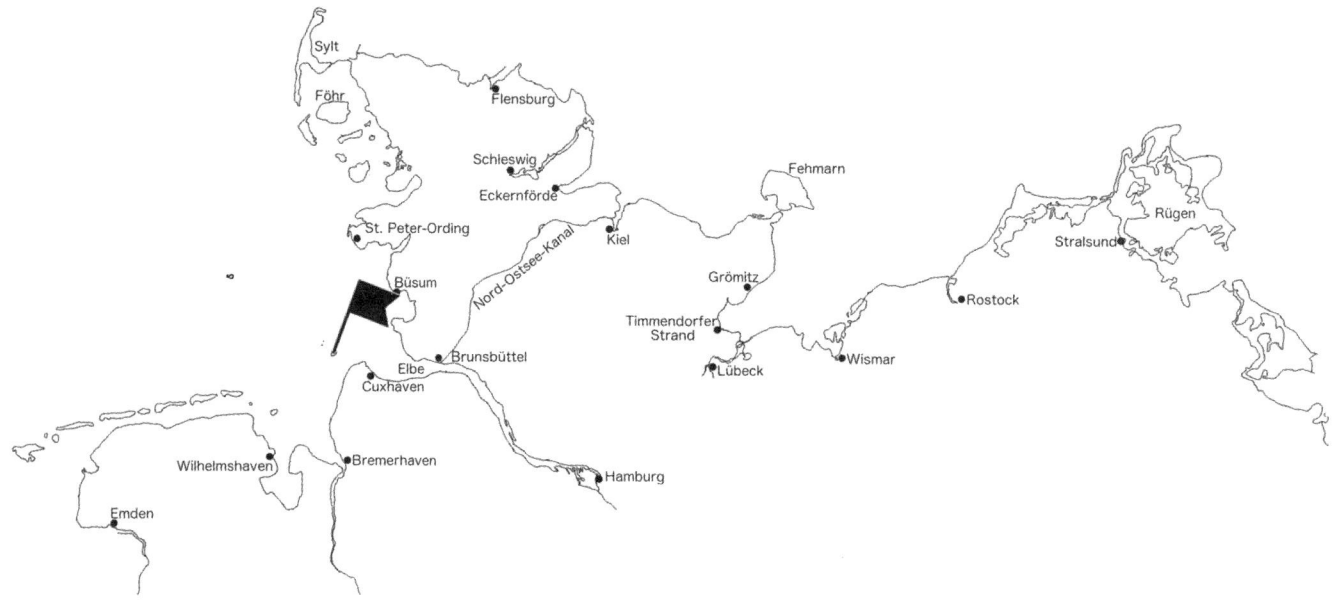

Kennung: Blk. (3) WRG 20s [2s (3s) 2s (3s) 2s (8s)]
(ab 2014 nur „privates Feuer" (Rundumlicht F 3sm)

Baujahr: 1310

Turmhöhe: 39m

Feuerhöhe: 38m

Optik: Gürtellinse (Fresnel-Linse)

Tragweite: weiß 16sm, rot 12sm, grün 11sm (seit 2014 nur weißes Rundumlicht mit 3sm)

Der von 1300 bis 1310 erbaute viereckige Backsteinturm mit kupfernem Dach und grüner halbkugelförmiger Laterne steht am südlichen Ende der Insel Neuwerk.

Zu Beginn war der Turm ein Wehrturm für die dort stationierten Soldaten, die die Elbmündung vor See- und Strandräubern schützten. Im Jahr 1814 baute man den Wachturm zu einem Leuchtturm um.

Das Feuer wurde anfangs mit einer 5-dochtigen Petroleumlampe betrieben. Im Jahr 1942 stellte man auf elektrischen Strom um. Das Licht wird mit 21 kreisförmig angeordneten Parabolspiegeln gebündelt. Im Herbst 2007 wurde die klassische 1.000-Watt-Glühlampe gegen eine Halogen-Glühlampe ausgetauscht.

Die Sektoren des Feuers dienten der Schifffahrt zur Orientierung in der Elbmündung und im Elbe-Weser-Wattfahrwasser.
Für die Schifffahrt wird das Feuer heute eigentlich nicht mehr benötigt. Aus diesem Grund wurde es 2014 abgeschaltet und wird seitdem von der Stadt Hamburg als „privates Feuer" mit einem weißen Rundumlicht mit einer Tragweite von 3 sm betrieben.

Leuchtturm Helgoland

Schleswig-Holstein - Deutsche Bucht - N54°10'55'', E07°52'56''

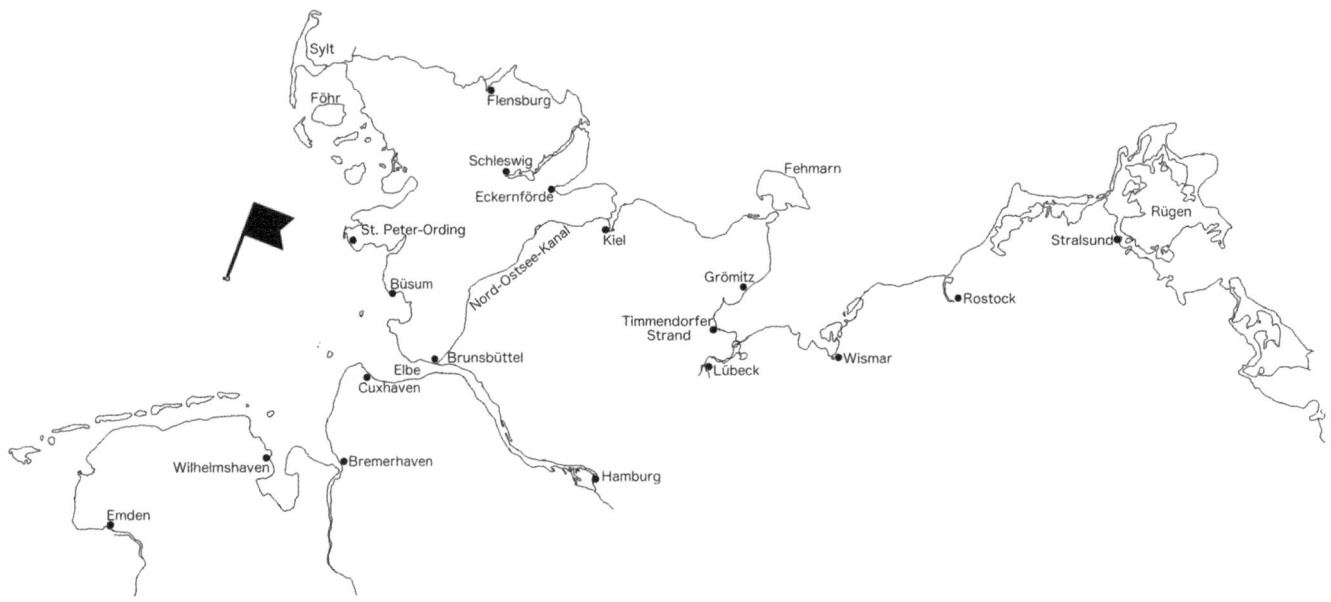

Kennung: Blz. W 5s [0,1s + (4,9s)]

Baujahr: 1952 in Dienst gestellt und erbaut auf einem alten Flaktrum

Turmhöhe: 35m

Feuerhöhe: 82m

Optik: Linsenoptik bestehend aus drei Sammellinsen

Tragweite: weiß 28sm

Der rotbraune, viereckige Ziegelturm mit weißem Turmkopf steht auf dem Oberland an der Westseite der Insel Helgoland. Der Leuchtturm besitzt das lichtstärkste Feuer an der deutschen Nordseeküste.

Im Zweiten Weltkrieg wurde der alte Leuchtturm von Helgoland durch Fliegerbomben zerstört. Im Jahr 1952 wurde der heutige Helgoländer Leuchtturm auf einem alten viereckigen Flakleitstand als provisorischer Leuchtturm gerüstet. 1965 waren die Umbauarbeiten abgeschlossen, und seitdem besitzt der Leuchtturm sein heutiges Aussehen.

Leuchtturm Büsum

Schleswig-Holstein - Deutsche Bucht - N54°07'37'', E08°51'30''

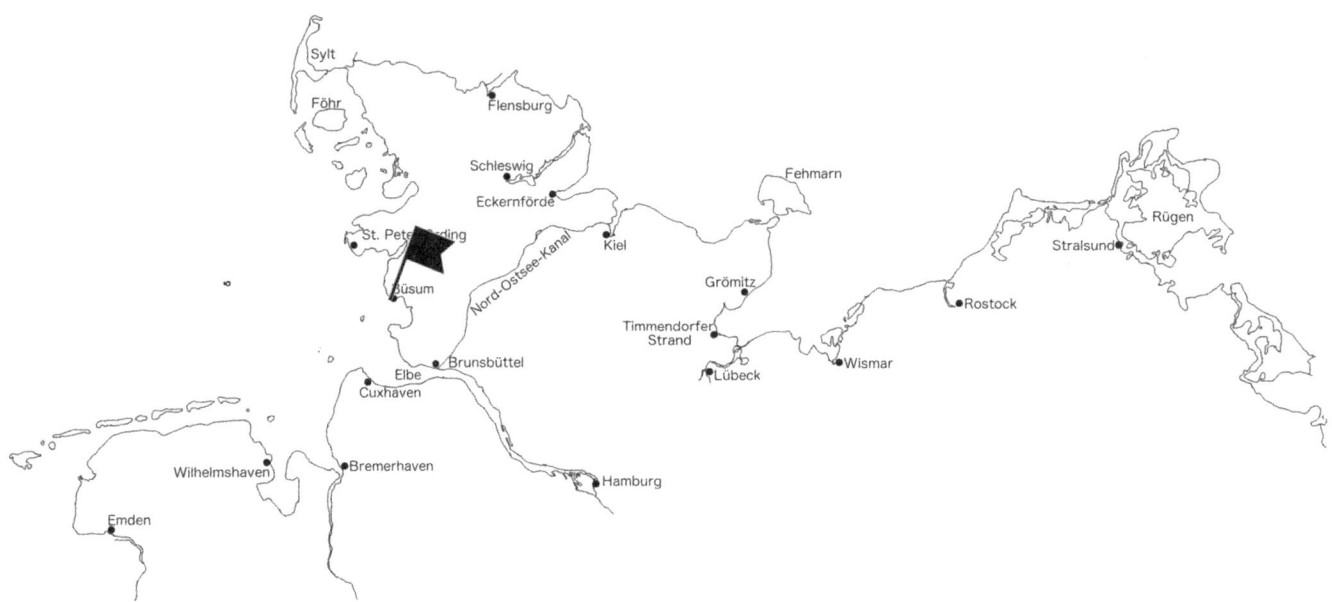

Kennung: Glt. 6s

Baujahr: 1913

Turmhöhe: 21m

Feuerhöhe: 22m

Optik: Gürtellinse (Fresnel-Linse)

Tragweite: weiß 19sm, rot 15,6sm

Der Leuchtturm wurde von 1912 bis 1913 auf einem mit 41 Pfählen gegründeten Betonfundament am Büsumer Hafen zwischen Hafenbecken 1 und 2 erbaut.

Der Betonsockel wurde später verklinkert. 87 Stufen führen im Inneren des Turms in den Feuerträger. Der Turm wurde aus einzelnen gusseisernen Platten verschraubt und ist neben der „Büsumer Krabbe" das Wahrzeichen von Büsum. Bis 1952 war der Turm schwarz, danach erhielt er seinen rotweißen Anstrich.

Der viergeschossige Turm hat rundherum Gucklöcher. Die beiden Lichtquellen des Feuers sind zwei Halogen-Leuchtkörper, von denen jeweils nur einer in Betrieb ist. Sobald einer ausfällt, übernimmt automatisch der zweite seinen Dienst. So ist gewährleistet, dass das Feuer des Leuchtturms niemals erlischt.

Das Leuchtfeuer dient als Leit- und Orientierungsfeuer für das Fahrwasser „Süderpiep". Ca. 800 m weiter südlich markieren zwei Molenfeuer die Einfahrt in den Büsumer Hafen.

Leuchtturm Sankt Peter-Böhl

Schleswig-Holstein - Deutsche Bucht - N54°17'14'' , E8°39'08''

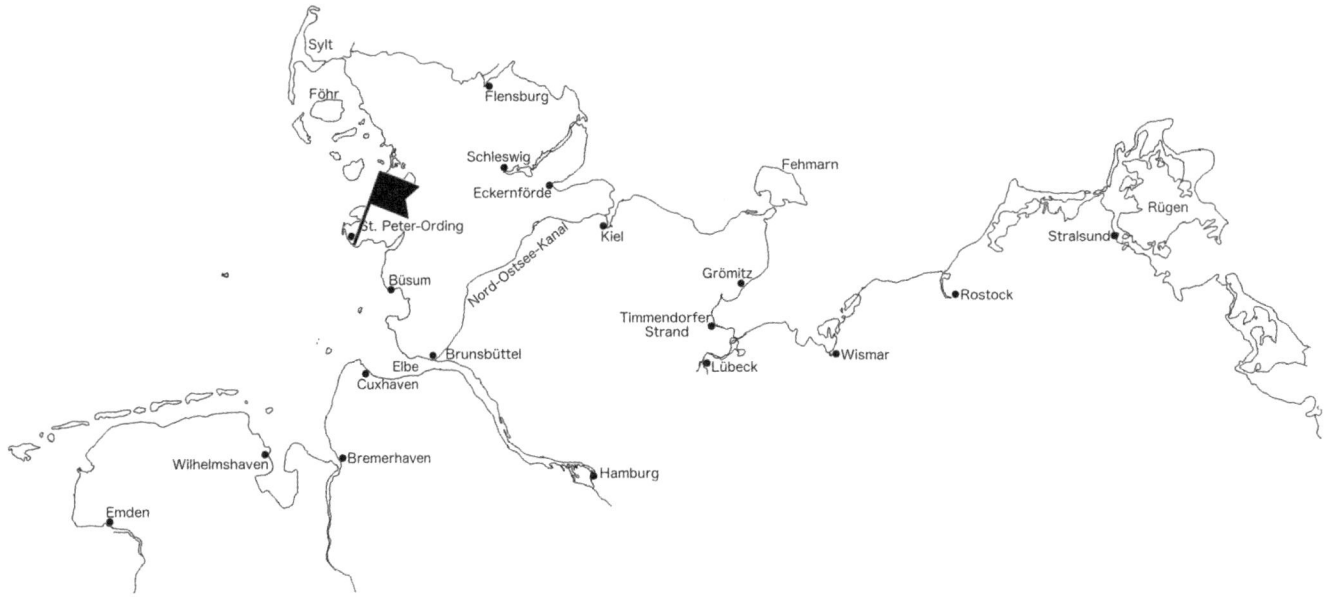

Kennung: Blk. (2) WR 15s   [2 (3s) 2s (8s)]

Baujahr: 1892

Turmhöhe: 18m

Feuerhöhe: 23m

Optik: Gürtellinse (Fresnel-Linse)

Tragweite: weiß 15sm, rot 13sm

Der runde Ziegelturm wurde 1892 mit rotbraunen Hartbrandklinkern auf der Deichkrone in St. Peter-Böhl zunächst nur als Bake errichtet. 1914 wurde ein schwarzes Laternenhaus aus Gusseisen mit spitzem Kupferdach montiert.

1938 wurde das Feuer elektrifiziert, seit 1978 wird es vom Wasser- und Schifffahrtsamt Tönning ferngesteuert. Das Quermarkenfeuer zeigt den Richtungswechsel für das Fahrwasser „Eider" an.

Leuchtturm Westerheversand

Schleswig-Holstein - Deutsche Bucht - N54°22'24'', E8°38'24''

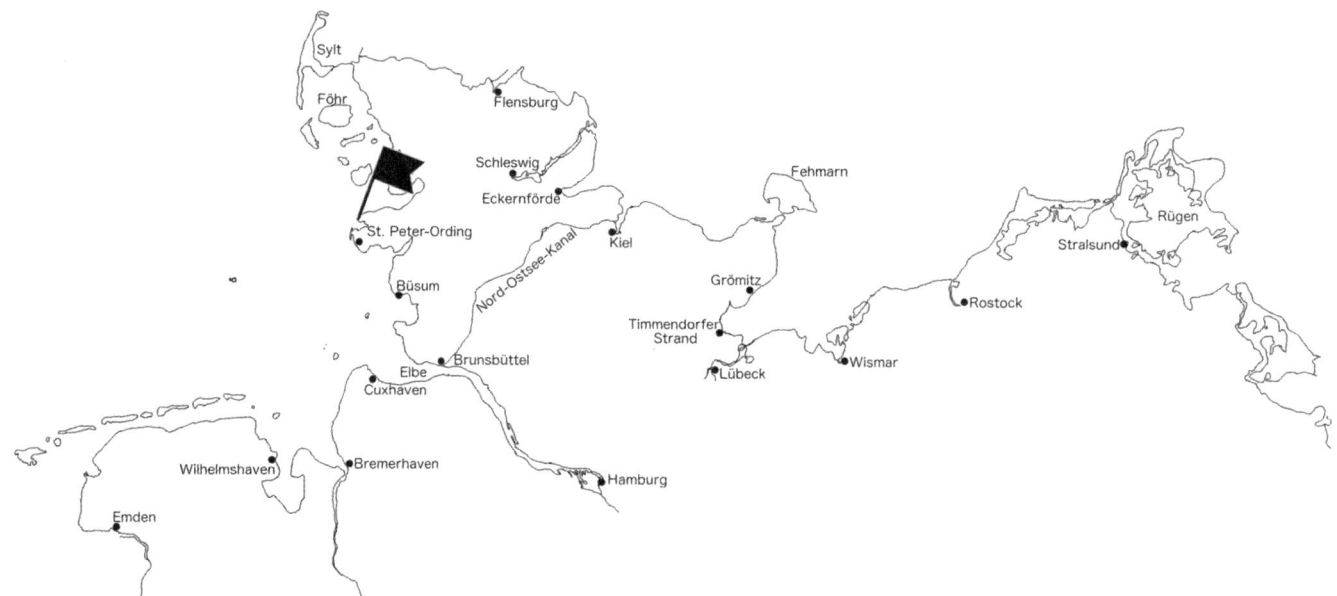

Kennung: Ubr. (3) WRG 15s   [(1s) 2s (1s) 2s (1s) 8s]

Baujahr: 1906

Turmhöhe: 40m

Feuerhöhe: 41m

Optik: Gürtellinse (Fresnel-Linse)

Tragweite: weiß 21sm, rot 17sm, grün 16sm

Der Leuchtturm Westerheversand, eines der schönsten und bekanntesten Leuchtfeuer in Deutschland, wurde von 1906 bis 1907 auf einer vier Meter hohen Warft im nordwestlichen Deichvorland der Halbinsel Eiderstedt errichtet. Sein Betonfundament ist auf 127 Eichenpfählen gegründet. Der Turmschaft wurde aus 608 miteinander verschraubten gusseisernen Platten montiert.

Bis 1974 wurde eine Kohlebogenlampe als Lichtquelle verwendet. Für die notwendige Gleichstromspannung von 70 Volt sorgten Pufferbatterien, die von zwei mit Dieselmotoren angetriebenen Generatoren gespeist wurden. 1951 wurde die Anlage an das öffentliche Stromnetz angeschlossen. Die Kohlebogenlampe ersetzte man 1975 durch eine 2.000-Watt-Xenon-Hochdruckentladungslampe.

Das Leuchtfeuer dient als Leit- und Quermarkenfeuer für die Zufahrt zum Heverstrom.

In den beiden ehemaligen Wärterhäusern ist heute eine Naturschutzstation des Nationalparks Wattenmeer untergebracht. In dem konischen Stahlturm befinden sich neun Stockwerke. 157 Stufen führen zur Aussichtsplattform, von der aus man einen herrlichen Blick über das Wattenmeer und Eiderstedt hat.

Leuchtturm Pellworm

Schleswig-Holstein - Deutsche Bucht - N54°29'47'', E08°39'57''

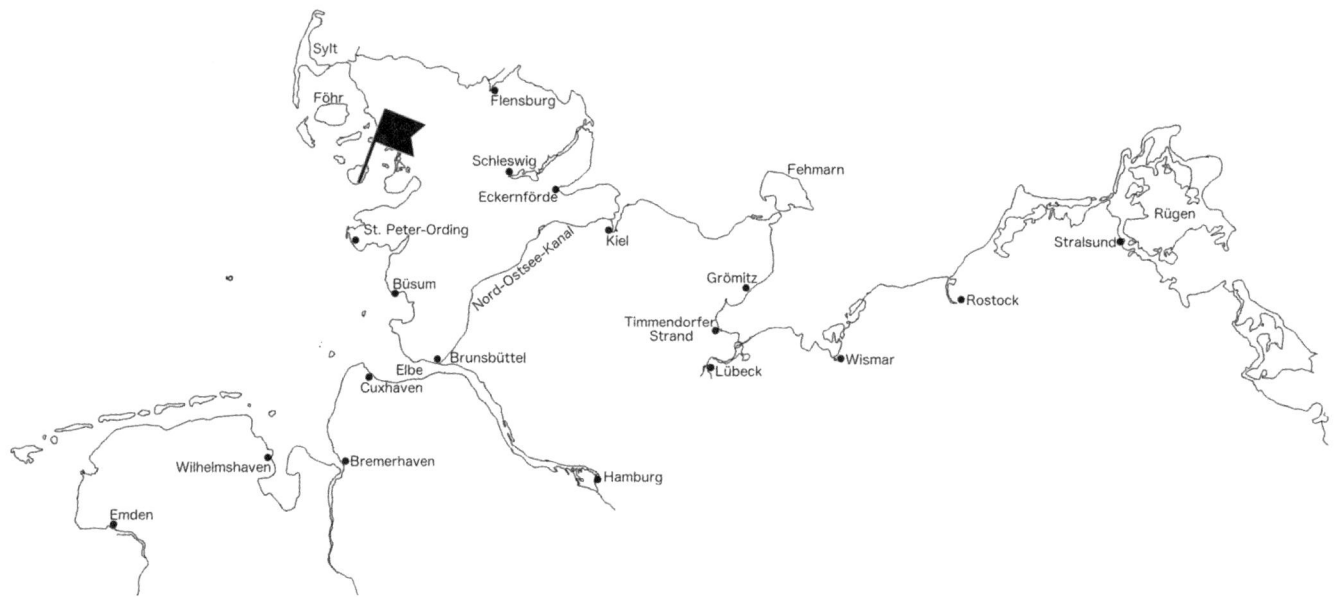

Kennung: Ubr. WR 5s [(1s) 4s]

Baujahr: 1907

Turmhöhe: 42m

Feuerhöhe: 38m

Optik: Gürtellinse und Lichtkanone

Tragweite: weiß 22,3sm, rot 16sm, grün 15sm

Der rote Turm mit weißem Band steht an der Südseite der Marschinsel Pellworm hinter dem Seedeich. Der gemauerte Sockel wurde auf bis zu 14 Meter tief in den Marschboden getriebenen Eichenpfählen gegründet. Darüber erhebt sich der aus vorgefertigten Gusseisenelementen errichtete Turm. Er besitzt rund um den Turm in neun Reihen angeordnete bullaugenförmige Fenster.

Um die Laterne herum sind zwei durch schwarze Gitter gesicherte Umläufe angebracht. Das Kegeldach ist aus Kupferblech gefertigt.

Als Leuchtmittel kommen Halogen-Glühlampen zum Einsatz. Das Leitfeuer markiert das Fahrwasser durch die Norderhever, das Quermarkenfeuer zeigt die Kursänderungspunkte in der Norderhever und der Süderaue.

Seit 1998 kann man sich auf dem Leuchtturm Pellworm standesamtlich trauen lassen.

Leuchtturm Amrum

Schleswig-Holstein - Deutsche Bucht - N54°37'52'', E08°21'17''

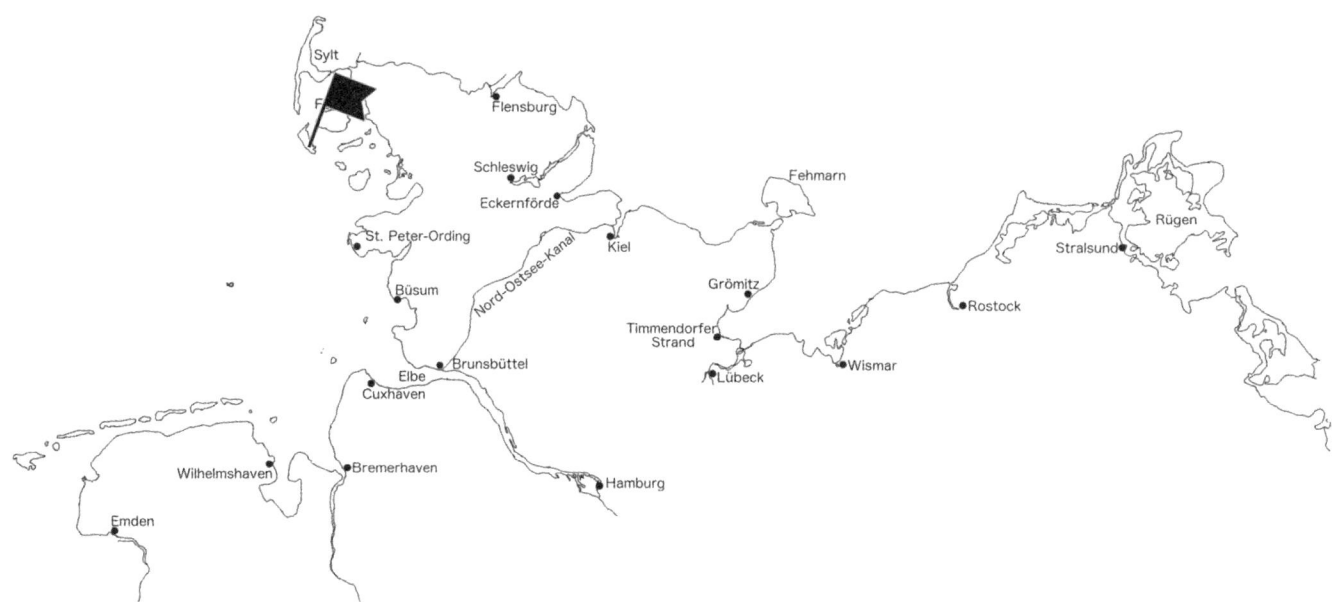

Kennung: Blz. W 7,5s [1s (6,5s)]

Baujahr: 1874

Turmhöhe: 42m

Feuerhöhe: 63m

Optik: Gürtellinse (Fresnel-Linse)

Tragweite: weiß 23sm

Der rote Leuchtturm mit zwei weißen Bändern steht auf einer 25 Meter hohen Düne am Südende der Nordseeinsel Amrum, etwa zwei Kilometer westlich von Wittdün.

Die Optik besteht aus einer 2,7 Meter hohen und 2,9 Tonnen schweren Fresnel-Linse. 1936 wurde die 5-dochtige Argand-Lampe durch eine elektrische Glühlampe ersetzt. Heute dient eine 230V/250W-Halogen-Metalldampflampe als Lichtquelle.

Der Leuchtturm kann in den Sommermonaten vormittags bestiegen werden. Über 172 Granitstufen gelangt man zur Aussichtsplattform, von der man einen Blick auf Amrum, die Nachbarinseln Sylt und Föhr sowie das Weltnaturerbe Wattenmeer genießen kann.

Leuchtturm Kampen

Schleswig-Holstein - Deutsche Bucht - N54°56'46'', E08°20'26''

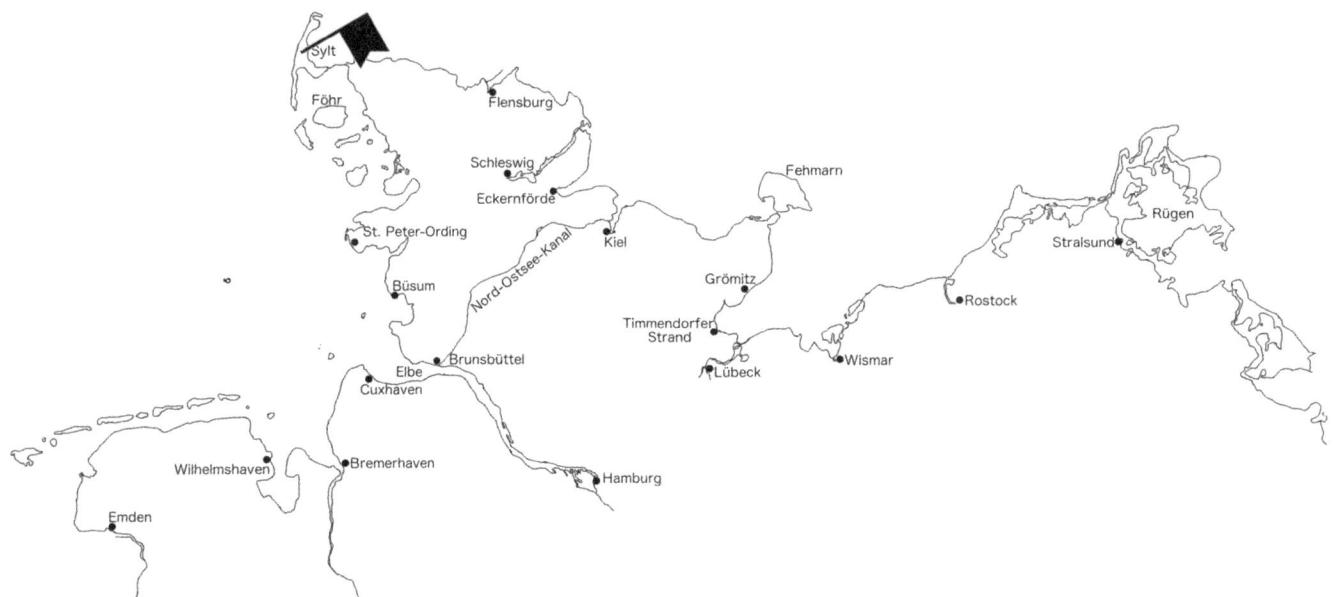

Kennung: Blk. WR 10s [3s +(7s)]

Baujahr: 1856

Turmhöhe: 40m

Feuerhöhe: 62m

Optik: Gürtellinse (Fresnel-Linse)

Tragweite: weiß 20sm, rot 16sm

Der Leuchtturm Kampen wurde 1855 im Auftrag des dänischen Königs Frederik VII. auf der Insel Sylt südlich des Ortes Kampen erbaut. Der Turmschaft besteht aus einem Vollsteinklinkermauerwerk und steht auf einem Natursteinsockel.

Das Laternenhaus ist eine Stahlkonstruktion mit einem kegelförmigen Kupferdach. Am Turm wurden schon 20 Jahre nach der Fertigstellung sieben Flacheisenbänder in verschiedenen Höhen zur Sicherung des Schaftes angebracht. Das Natursteinmauerwerk erhielt zur besseren Sichtbarkeit 1953 einen weißen Anstrich mit schwarzem Band.

Als Lichtquelle diente anfangs ein Leuchtapparat mit Petroleumspeisung. 1929 wurde der Turm elektrifiziert und das Feuer mit einer Glühlampe betrieben.

Heute dient eine Halogen-Metalldampflampe als Lichtquelle. Die Kennung wird durch eine Umlaufblende erzeugt. Der rote Sektor ersetzt das 1974 gelöschte Feuer Rote Kliff.

Die beiden angebauten Wärterhäuser sind heute als Wohnungen vermietet.

Leuchtturm Falshöft

Schleswig-Holstein - Kieler Bucht - N54°46'01'', E09°57'54''

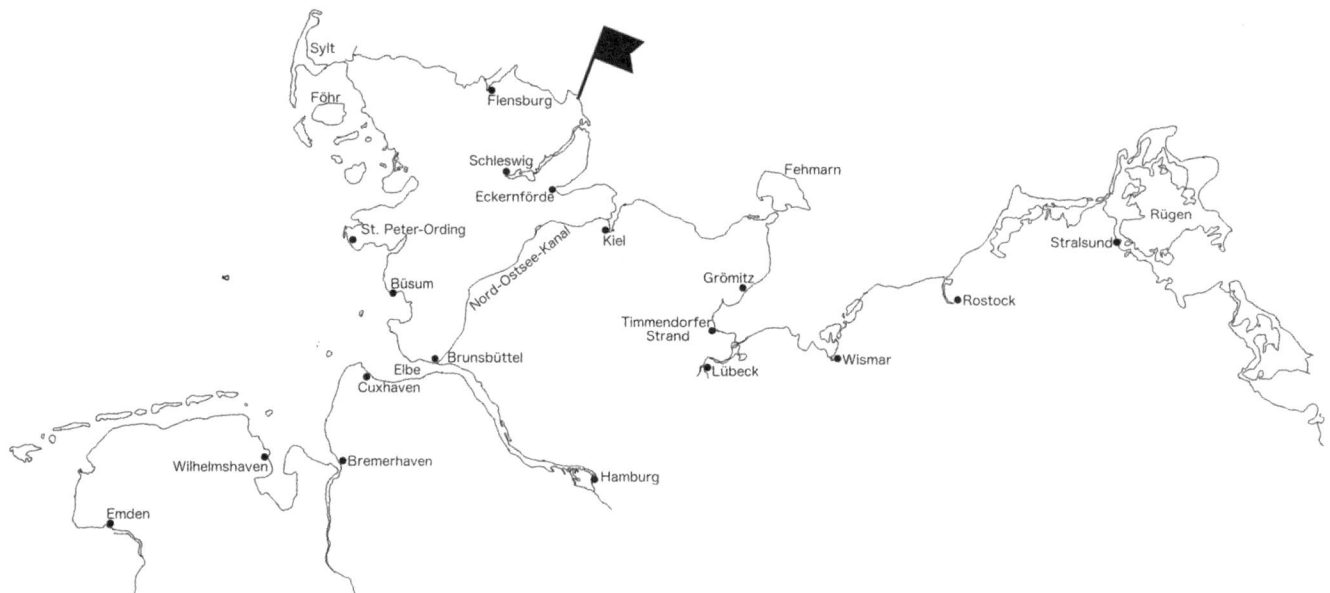

Kennung: Ubr. (2) WR 16s (gelöscht 2002)

Baujahr: 1910

Turmhöhe: 28m

Feuerhöhe: 25m

Optik: Gürtellinse (Fresnel-Linse)

Tragweite: weiß 16sm, rot 13sm

Mit seinem roten Feuer markierte der Leuchtturm Falshöft die Untiefen Bredgrund und Kalkgrund in der Einfahrt der Flensburger Förde. Der Leitsektor führte die Schiffe südlich der Flensburger Förde an der Küste entlang.

Der rotweiße Leuchtturm Falshöft wurde von 1908 bis 1910 auf einem gemauerten Backsockel errichtet. Zunächst betrieb man das Feuer mit Petroleum, später mit Flüssiggas. Im Jahr 1963 wurde der Leuchtturm an das öffentliche Stromnetz angeschlossen.

Im März 2002 wurde das Leuchtfeuer gelöscht.

Seit Dezember 2005 ist eine kleinere Energiesparlampe eingesetzt, die bei Dunkelheit eingeschaltet wird. Die roten Sektorenscheiben mussten allerdings ausgebaut werden, denn der Leuchtturm ist kein Seezeichen mehr.

Heute wird der Turm von der Gemeinde Pommerby als Standesamt genutzt.

Leuchtturm Holtenau

Schleswig-Holstein - Kieler Förde - N54°22'09'', E10°09'14''

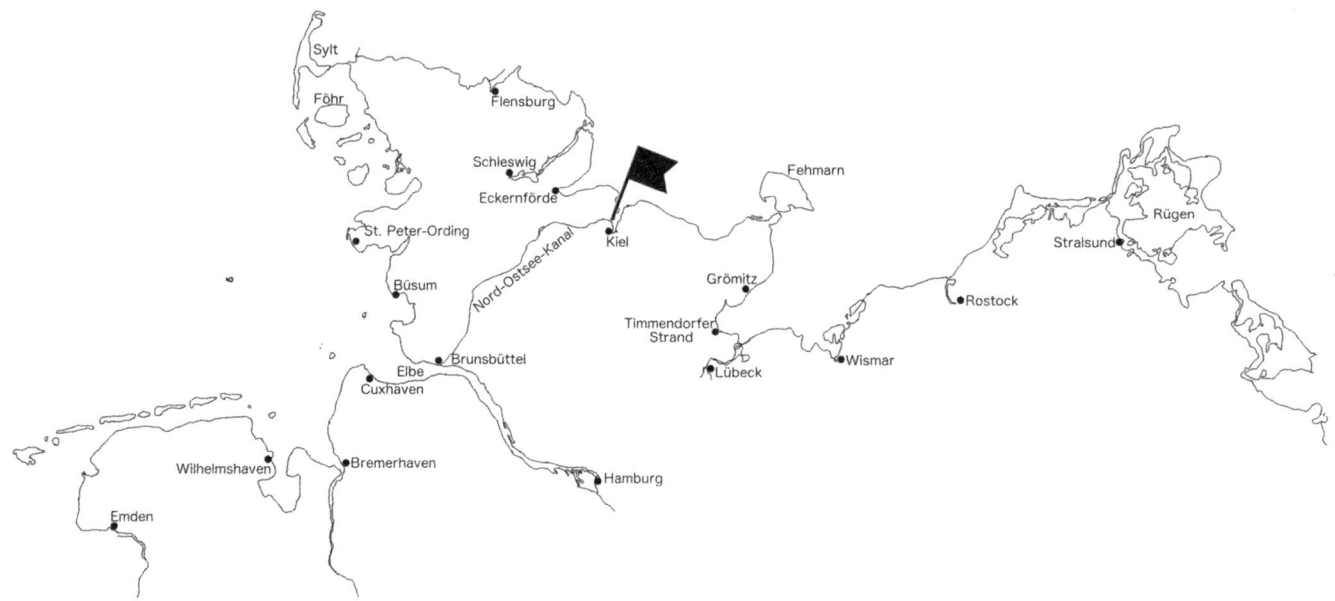

Kennung: Ubr (3) WG 12s   [(1s) 2s (1s) 2s (1s) 5s]

Baujahr: 1895

Turmhöhe: 20m

Feuerhöhe: 22m

Optik: Gürtellinse (Fresnel-Linse)

Tragweite: weiß 11sm, grün 8sm

Der Leuchtturm Holtenau steht am Thiessenkai in Kiel-Holtenau, an der Nordseite zur Einfahrt in den Nord-Ostsee-Kanal. Als Lichtquelle für das nördliche Einfahrtfeuer dient ein Lampenwechsler mit zwei Glühlampen.

Der rotbraune Backsteinturm mit der halbkugelförmigen Kupferkuppel ist auf einem achteckigen Unterbau, der sogenannten „Drei-Kaiser-Halle", aufgesetzt. Diese Besichtigungshalle wird seit 2001 von Mai bis September auch als Standesamt genutzt. An der Außenwand der Halle befindet sich eine Gedenktafel mit der Aufschrift „Kaiser Wilhelm II. vollzog die Weihe des Nord-Ostsee-Kanals und übergab ihn dem Weltverkehr am 21. Juni 1895".
Der Leuchtturm war von Anfang an nicht nur ein Seezeichen, sondern auch als Monument des Deutschen Kaiserreichs gedacht.

Der Holtenauer Leuchtturm zählt zu den schönsten Leuchttürmen an der Ostseeküste. Gleich nebenan liegt ein Cafe, von dessen Terrasse man den Schiffen bei der Einfahrt in die Schleuse zusehen kann. Der 99 km lange Kanal verbindet die Ostsee bei Holtenau mit der Nordsee in Brunsbüttel. Durch die Kanalpassage sparen die Schiffe etwa 10 Stunden Fahrzeit und müssen nicht über das stürmische Skagen fahren

Leuchtturm Staberhuk

Schleswig-Holstein - Mecklenburger Bucht - N54°24'09'', E11°18'39''

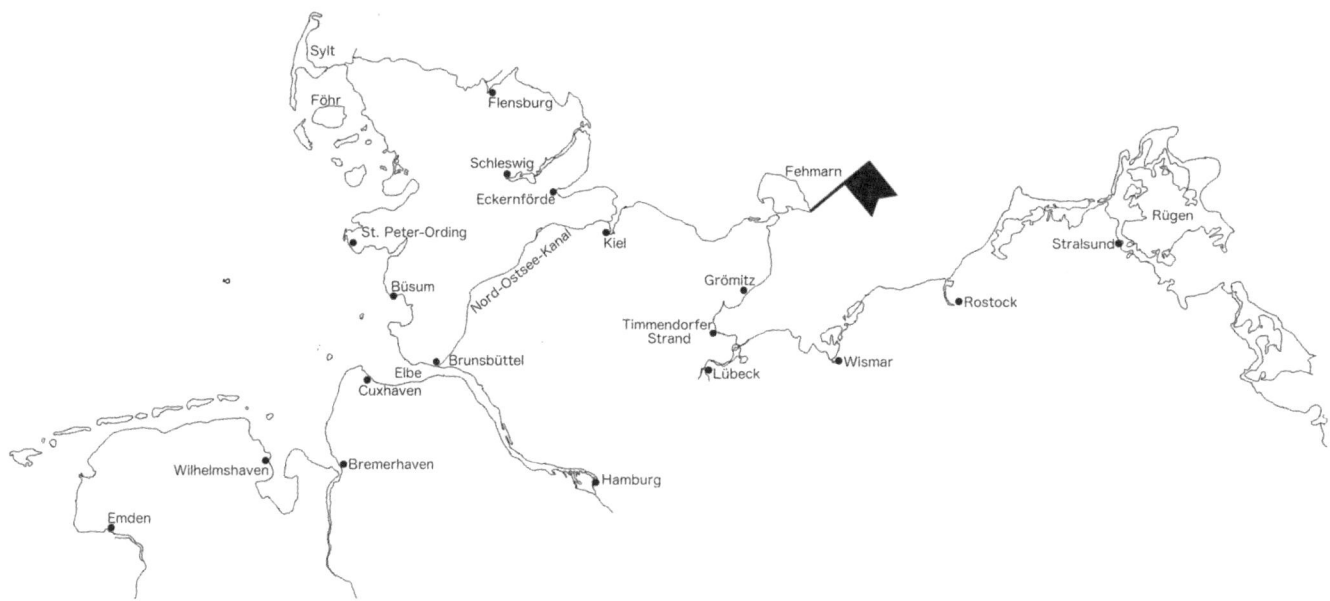

Kennung: Ubr. (2) WG 16s   [(1s) 3s (1s) 11s]

Baujahr: 1903

Turmhöhe: 23m

Feuerhöhe: 26m

Optik: Gürtellinse (Fresnel-Linse)

Tragweite: weiß 18sm, grün 14sm

1903 begannen an der Südostspitze von Fehmarn die Arbeiten an dem runden Turm und dem Wärterhaus aus gelben Ziegelsteinen. Die gelben Steine des Leuchtturms wurden später teilweise durch rote Ziegel ersetzt, da sie an der Westseite den wechselnden Witterungseinflüssen nicht standhielten.

Die 2,5 m hohe gusseiserne Laterne, die Galerie mit dem Geländer und die Optik stammen von dem alten englischen Leuchtturm auf Helgoland.

Das Leuchtfeuer Staberhuk wird von der Verkehrszentrale in Travemünde ferngesteuert. Bei Stromausfall steht eine Notstromanlage zur Verfügung.
Das alte Wärterhaus wird als Ferienhaus genutzt.

Leuchtturm Dahmeshöved

Schleswig-Holstein - Mecklenburger Bucht - N54°12'12'', E11°05'30''

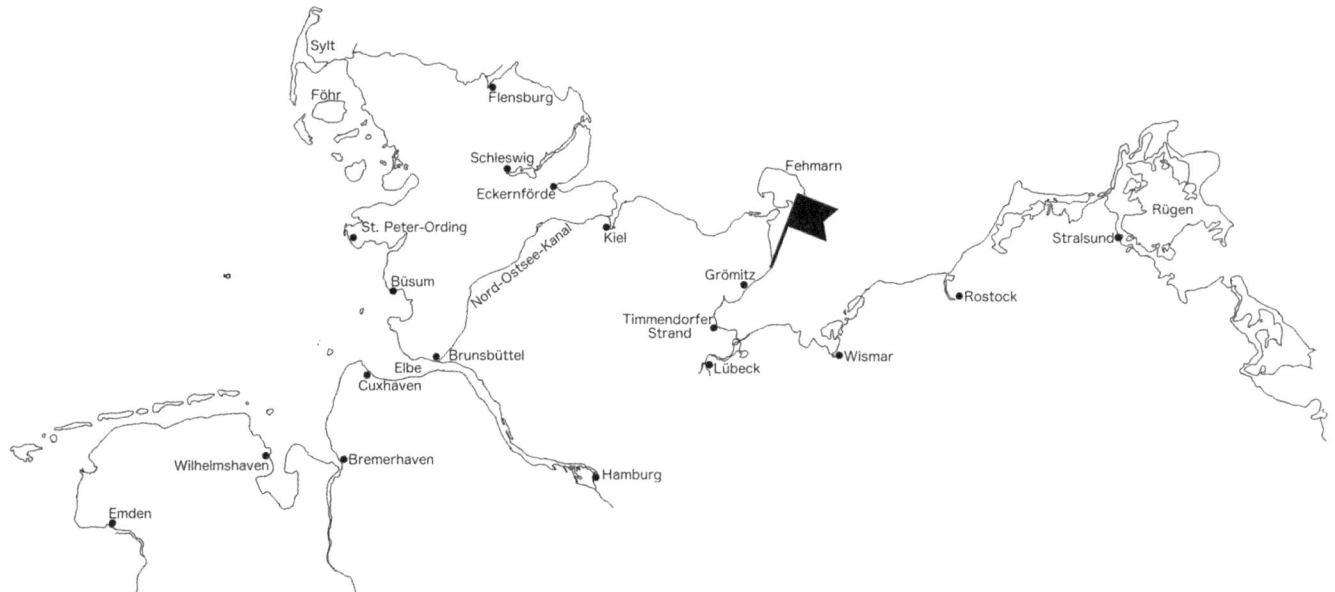

Kennung: Blz. (3) W 12s

Baujahr: 1879

Turmhöhe: 29m

Feuerhöhe: 34m

Optik: Gürtellinse (Fresnel-Linse)

Tragweite: weiß 23sm

Der unter Denkmalschutz stehende achteckige Leuchtturm Dahmeshöved liegt an einem Küstenvorsprung am Dahmer Kliff bei Dahmeshöved, etwa 1,5 km südlich von Dahme.

Das Leuchtfeuer wird heute mit einer 400-Watt-Halogenlampe betrieben, die Kennung wird durch ein Drehlinsensystem erzeugt.

Das an den Backsteinturm angebaute Wärterhaus, das Maschinenhaus mit dem Notstrom-Dieselaggregat und der danebenstehende Beobachtungsturm werden heute privat genutzt.
Neben dem Leuchtturm wurde ein kleiner Wachturm errichtet, in dem früher die Leuchtturmwärter rund um die Uhr die Wetterlage beobachteten, um bei Nebel die direkt am Kliff errichtete Luftnebelschallanlage (LNS) in Betrieb nehmen zu können.

1978 wurde der Leuchtturm automatisiert und seitdem zentral von Travemünde aus gesteuert. Das Nebelhorn wurde außer Betrieb genommen, da die meisten Schiffe heute mit Satellitennavigation ausgerüstet sind.

Neuer Leuchtturm Travemünde

Schleswig-Holstein - Lübecker Bucht - N53°57'38'', E10°52'51''

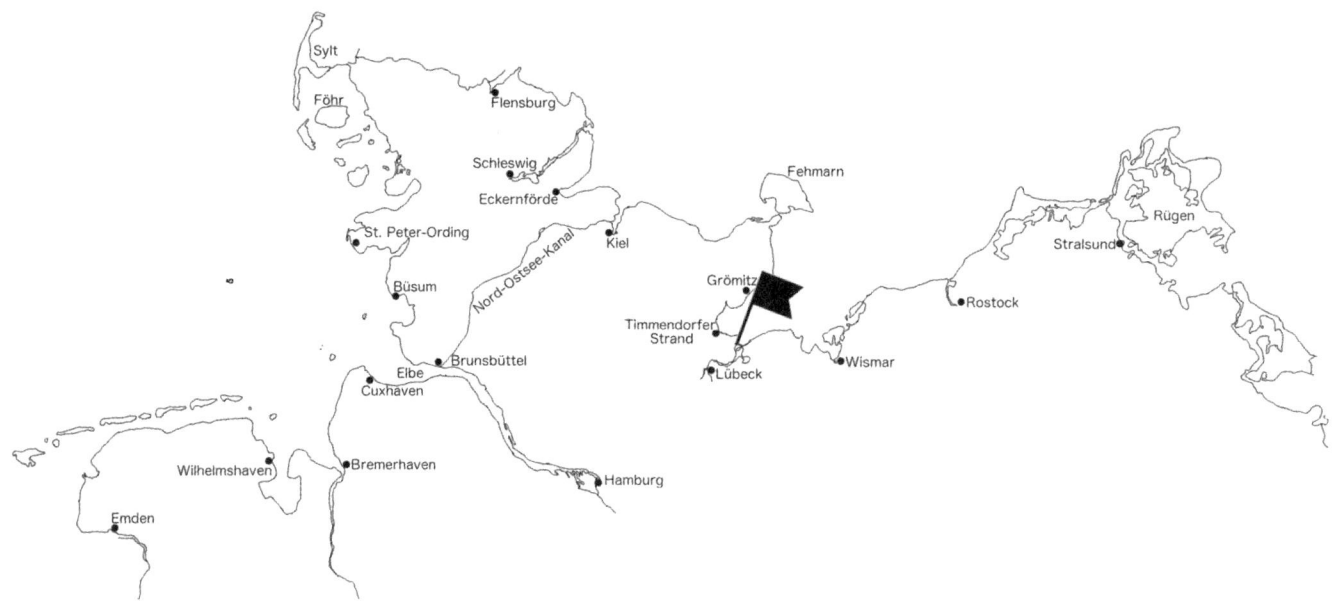

Kennung: F, Blz. 3s, Blz. (2) 9s (gelöscht 1972)

Baujahr: 1539 / 1822 in seiner jetzigen Form

Turmhöhe: 31m

Feuerhöhe: 31m

Optik: zylindrischer Hohlspiegel mit Otterblenden

Tragweite: weiß 16sm

Der alte Leuchtturm Travemünde wurde 1539 von holländischen Maurern gebaut und hatte vermutlich zuerst ein offenes Kohle- und Holzfeuer. Später erfolgte der Einbau von Hanf-Öllampen vor vergoldeten Hohlspiegeln, die 1903 durch elektrische Kohlenbogenlampen mit Parabolspiegeln ersetzt wurden.
1937 wurden zur weiteren Verbesserung der Sichtweite des Feuers ein Parabolzylinderspiegel zur Lichtbündelung und Otterblenden als Kennungsgeber eingebaut.

Der alte Leuchtturm Travemünde ist der älteste Leuchtturm an der deutschen Ostseeküste. Er wurde 1922 technisches Kulturdenkmal und steht unter staatlichem Denkmalschutz. 1972 musste sein Leuchtfeuer ausgeschaltet werden, da der Hochhaus-Neubau am Strand von Travemünde den Turm abdeckte. Seitdem trägt das Maritim-Hochhaus im obersten Geschoss das Leuchtfeuer.

Der alte Leuchtturm von Travemünde beherbergt heute auf acht Geschossen ein Schifffahrtszeichen-Museum, das Einblick in die Geschichte der Leuchtfeuertechnik gibt.

142 Stufen führen in die oberste Etage, wo man die noch funktionsfähige Anlage mit 1.000-Watt-Glühbirnen bewundern kann. Am Turm erinnert eine Hochwassermarke an das schwere Ostseesturmhochwasser von 1872, das Travemünde heftig zusetzte.

Leuchtturm Timmendorf-Poel

Mecklenburg-Vorpommern - Mecklenburger Bucht - N53°59'31'', E11°22'36''

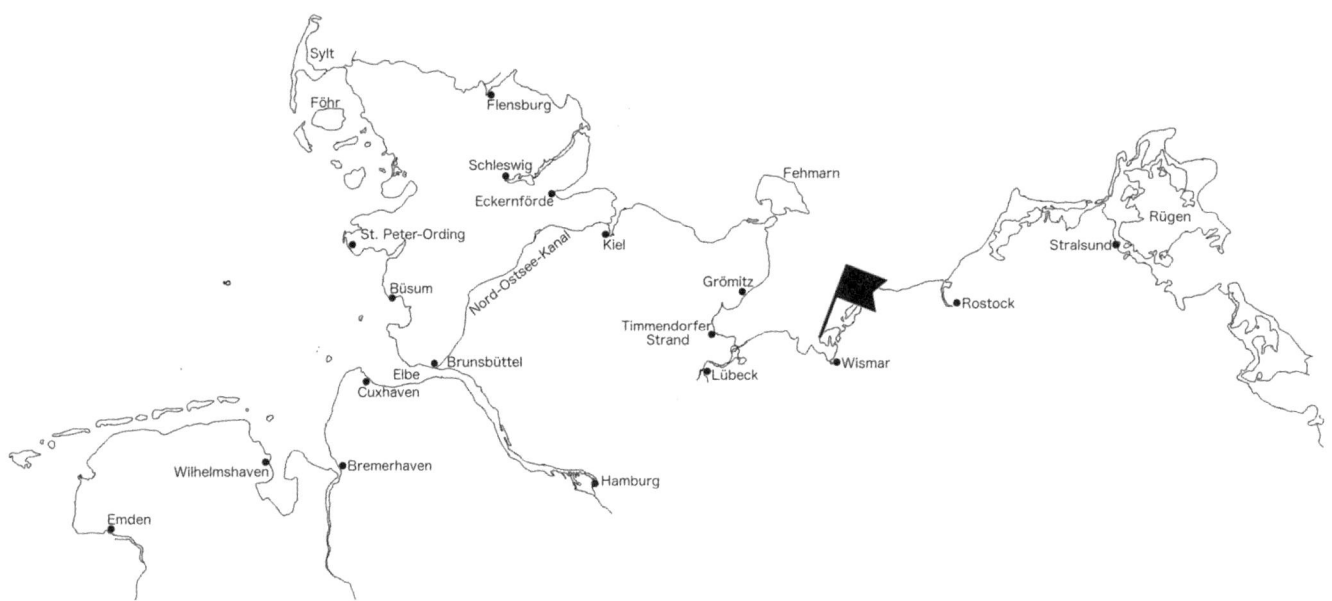

Kennung: Glt. WRG 6s

Baujahr: 1872

Turmhöhe: 21m

Feuerhöhe: 21m

Optik: Gürtellinse (Fresnel-Linse)

Tragweite: weiß 16sm, rot 12sm, grün 11sm

Die Fahrrinne aus der Mecklenburger Bucht nach Wismar geht an den Untiefen Hannibal und Lieps sowie der Insel Poel und Walfisch vorbei. Dieser Zugang wird nachts durch Leuchttonnen, Richt- und Leitfeuer gesichert, wobei der Leuchtturm Timmendorf die markanteste Navigationshilfe ist.

1872 wurde der 17,4 m hohe Backsteinturm mit seinem sechseckigen eisernen Laternenhaus und einer Petroleum-Dochtlampe mit Linsenoptik beim Fischereihafen Timmendorf in Betrieb genommen, der den Schiffen den Weg in den Wismarer Hafen weist.

1930/31 erhöhte man bei einem Umbau die Feuerhöhe um 4 Meter, wodurch sich das Aussehen des Turms vollkommen veränderte. Auf dem weißen Unterbau entstand ein dunkler Turmteil aus geputztem Ziegelmauerwerk. Als Abschluss folgte eine weiße Laterne mit rotem Dach. Die Optik wurde durch eine 540 mm hohe Gürtelleuchte ersetzt.

1996/97 erfolgte eine umfangreiche Grundinstandsetzung, bei der der Turm teilweise abgetragen werden musste und nach einer Stabilisierung der Gründung neu aufgemauert wurde. Bei der Sanierung wurde auch die gesamte Leuchtfeuertechnik durch eine geschliffene Gürtellinse ersetzt.

Leuchtturm Darßer Ort

Mecklenburg-Vorpommern - Ostsee - N54°28'22'', E12°30'08''

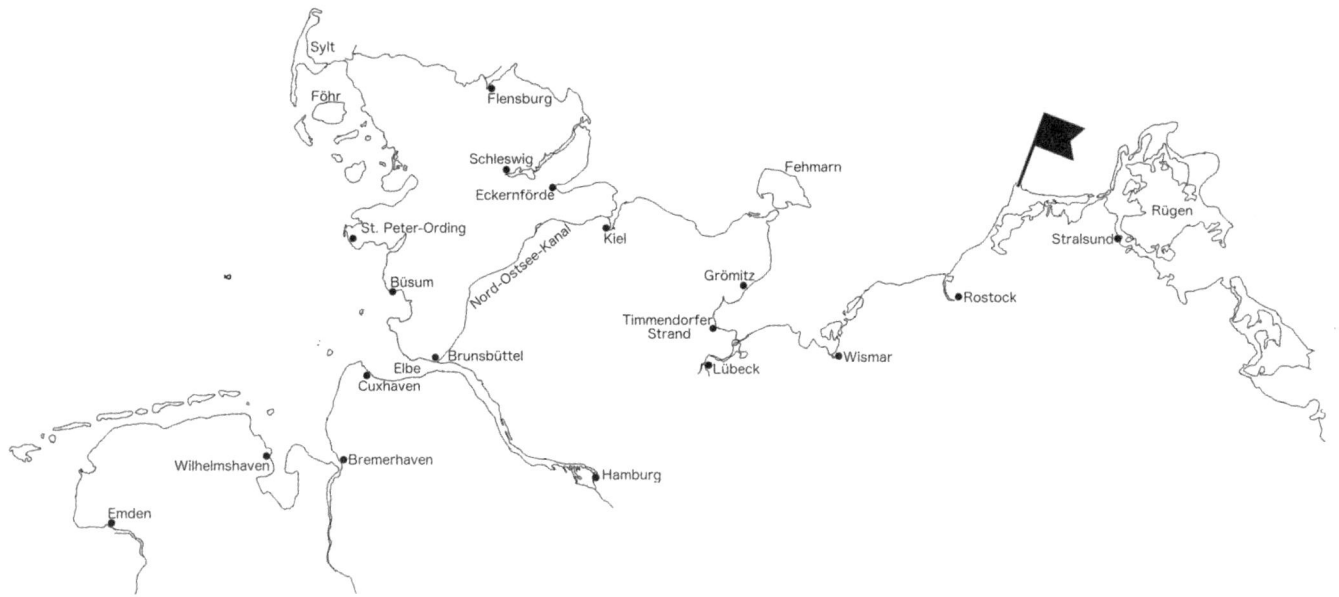

Kennung: Blz. (2+4) W 22s

Baujahr: 1848

Turmhöhe: 35m

Feuerhöhe: 33m

Optik: Scheinwerferlinse

Tragweite: weiß 20sm

Der rote runde Ziegelturm mit Laterne und brauner Kupferkuppel steht an der Nordwestspitze der Halbinsel Fischland-Darß-Zingst.

Die Ostsee vor Darßer Ort ist reich an Untiefen und gefährlich für die Schifffahrt. Der Leuchtturm Darßer Ort wurde im Herbst 1848 fertiggestellt und wenig später in Betrieb genommen. Damit ist er – nach dem „Schinkel-Turm" auf Kap Arkona – der zweitälteste Leuchtturm an der Küste von Mecklenburg-Vorpommern und gleichzeitig der älteste, der heute noch betrieben wird.

Im Jahre 1936 baute man das bis dahin mit einem Petroleum- bzw. Glühlicht betriebene Leuchtfeuer auf elektrischen Betrieb um. Bis 1978 war der Turm mit Leuchtturmwärtern besetzt. Seither arbeitet das Leuchtfeuer automatisch mit Funkfernsteuerung.

Seit 1991 werden die Gebäude vom Deutschen Museum für Meereskunde und Fischerei als Außenstelle „NATUREUM Darßer Ort" genutzt. Seit März 1995 kann der Leuchtturm – nach einer Pause von 33 Jahren – wieder bestiegen werden. 134 Stufen führen auf die Aussichtsplattform.

Leuchtturm Dornbusch

Mecklenburg-Vorpommern - Ostsee - N54°35'57'', E13°07'10''

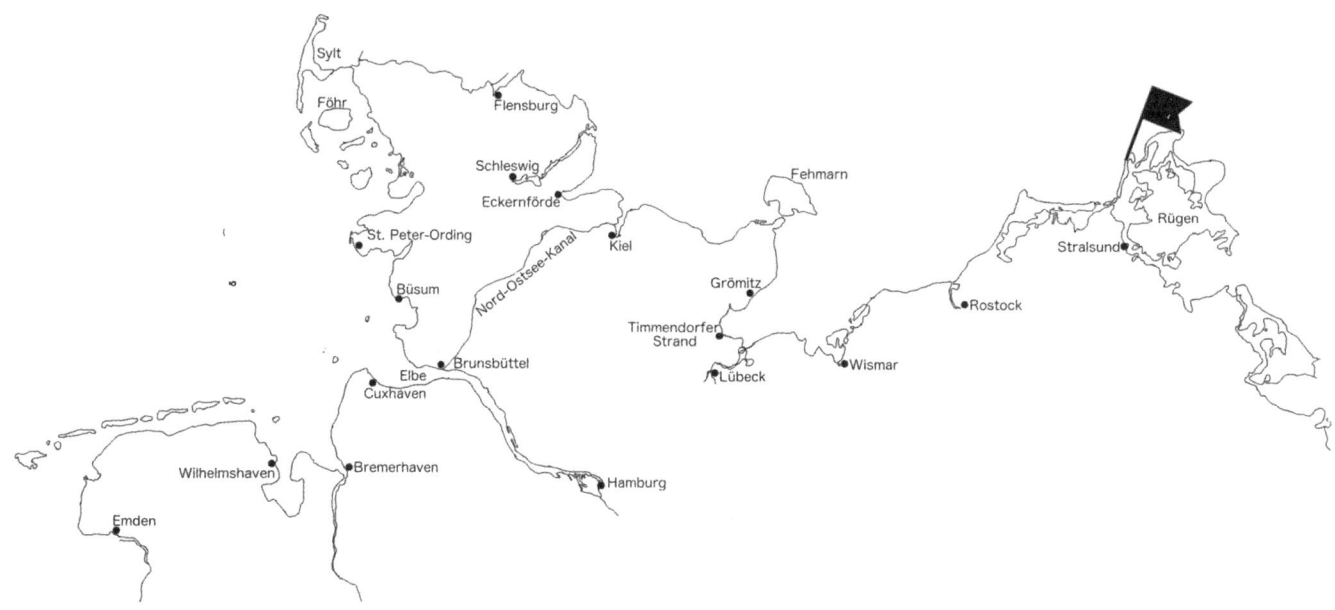

Kennung: Blz. WR 10s [0,8s (9,2s)]

Baujahr: 1888

Turmhöhe: 28m

Feuerhöhe: 95m

Optik: Gürtellinse (Fresnel-Linse)

Tragweite: weiß 24,9sm, rot 21,3sm

Der 27,5m hohe Leuchtturm Dornbusch wurde von 1887 bis 1888 an der Nordspitze der Insel Hiddensee auf dem 72 m hohen Bakenberg errichtet. Auf dem Ziegelturm befindet sich das eiserne Laternenhaus mit einem halbkugelförmigen roten Kuppeldach.

Am Anfang diente ein 5-dochtiger Petroleumbrenner mit einer Drehlinse als Lichtquelle. Heute wird zu diesem Zweck eine Halogen-Metalldampflampe mit einer Leistung von 2000 Watt verwendet.

Das Leuchtfeuer kennzeichnet die gefährliche Nordspitze der Insel Hiddensee, die wie ein Keil in die Ostsee ragt, und weist den Schiffen den Beginn der Fahrrinne nach Stralsund.

Das Wahrzeichen von Hiddensee nördlich des Ortes Kloster kann seit 1994 über 102 Stufen bestiegen werden. Von der Galerie aus hat man eine schöne Aussicht auf die Ostsee, die Boddenlandschaft, Rügen und das Festland.

Leuchtturm Kap Arkona

Mecklenburg-Vorpommern - Ostsee - N54°40'46'', E13°25'57''

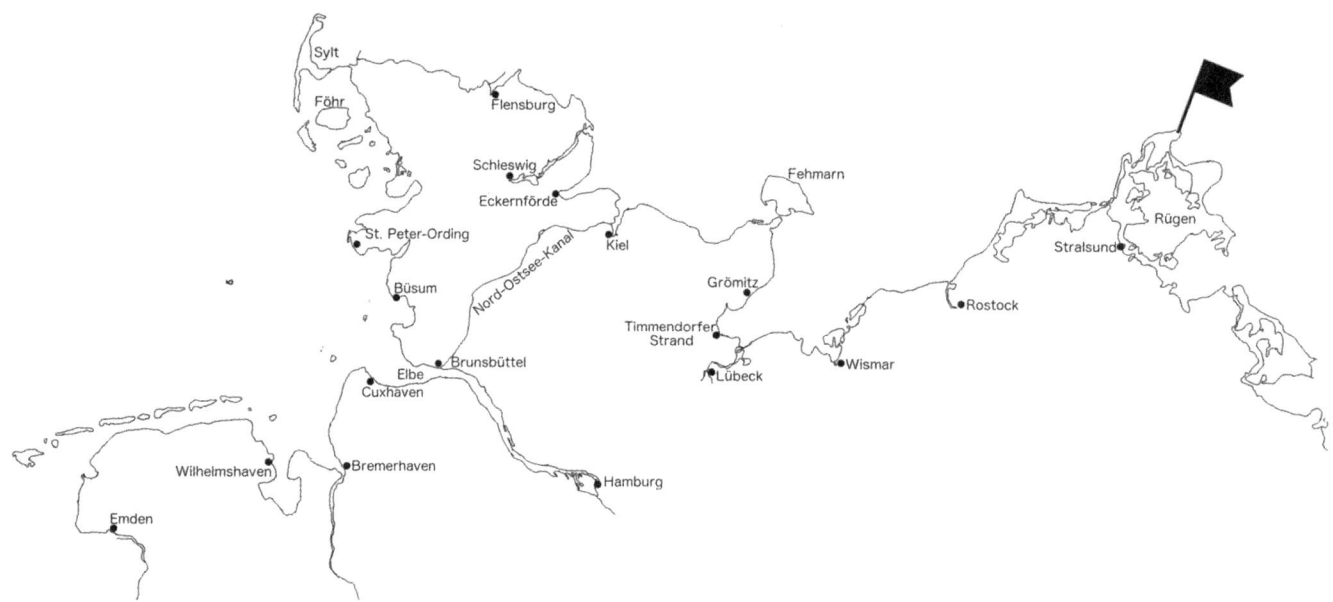

Kennung: Blz. (3) W 17,1s [2s (3s) 2s (3s) 2s (8s)]

Baujahr: 1902

Turmhöhe: 35m

Feuerhöhe: 75m

Optik: Scheinwerferlinse

Tragweite: weiß 24sm

Der neue sechsgeschossige, 35 m hohe Klinkerturm wurde direkt neben dem alten Turm auf einem achteckigen Granitunterbau errichtet, auf dem eine zweigeschossige Laterne mit zwei Umgängen und einem kupfernen Kegeldach montiert wurde.

Als technisch einmalig gilt das quecksilbergelagerte Drehlinsen-Blitzfeuer. Zwei Leuchtfeueroptiken verteilten mit je drei Scheinwerferlinsen das Licht über den Horizont. Anfangs wurde das Feuer noch mit einer Öllichtquelle betrieben, später wurde diese durch zwei Kohlebogenlampen, 1921 gegen eine 1.000-Watt-Glühlampe und 1995 gegen eine zuverlässige und lichtstarke Halogen-Metalldampflampe ausgetauscht.

Seit dem Einbau der Halogen-Metalldampflampe reicht eine der beiden Leuchtfeueroptiken für den wirtschaftlichen Betrieb des Leuchtfeuers aus. Die zweite Lampe wurde restauriert und wird seit dem Frühjahr 2006 neben dem Leuchtturm der Öffentlichkeit präsentiert.

Auf dem Turm befindet sich eine Aussichtsplattform, von der man einen ungehinderten Blick über Rügen und insbesondere die Halbinsel Wittow hat.

Leuchtturm Greifswalder Oie

Mecklenburg-Vorpommern - Pommersche Bucht - N54°14'56'', E13°55'26''

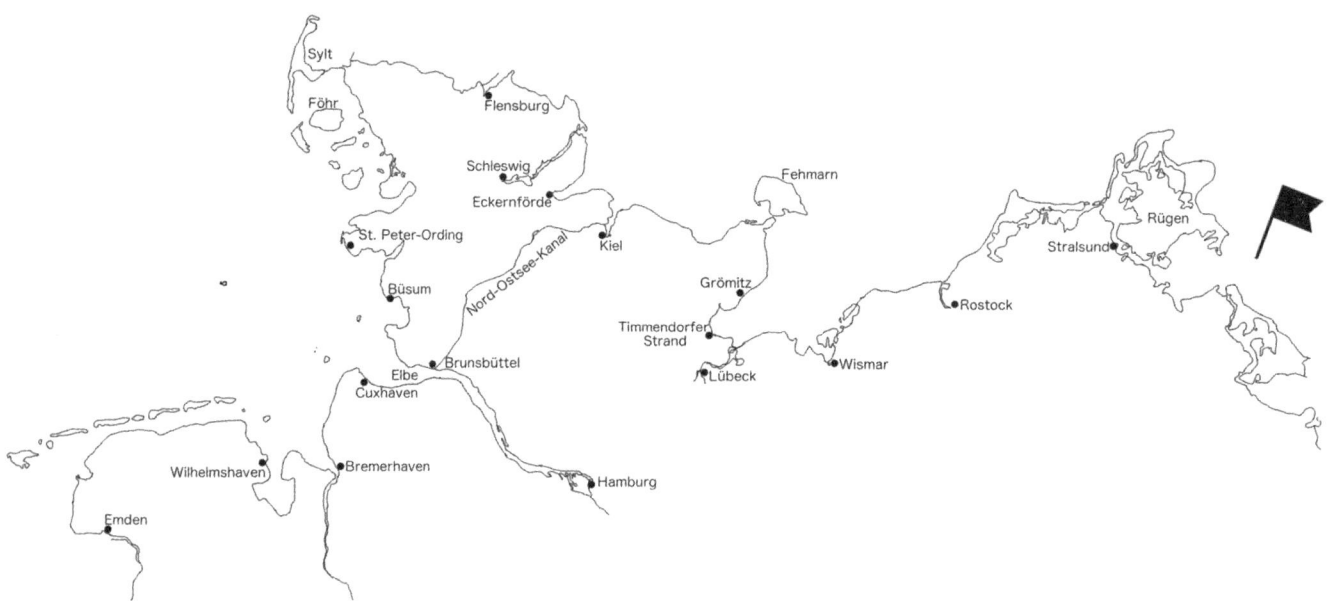

Kennung: Blz. 3,8s [0,1s + (3,7s)]

Baujahr: 1855

Turmhöhe: 39m

Feuerhöhe: 49m

Optik: Drehlinse

Tragweite: weiß 26sm

Der rotbraune achteckige Ziegelturm mit schwarzer Kuppel und zwei Galerien wurde von 1853 bis 1855 an der Nordostseite der Greifswalder Oie erbaut. Anfangs wurde das Licht mit Rapsöl erzeugt, ab 1885 verwendete man Petroleumlampen. 1939 wurde der Leuchtturm auf elektrischen Betrieb umgestellt. Die fast zwei Quadratmeter große Linsenoptik war damals die größte in Deutschland. Seit 1978 wird das Feuer ferngesteuert. Der lichtstärkste Leuchtturm in Mecklenburg-Vorpommern ist der einzige Leuchtturm mit linksdrehendem Licht.

Das Feuer wird heute mithilfe von Dieselmotoren betrieben, die am Hafen der Greifswalder Oie stehen. Die gesamte Technik wird zweimal im Jahr überprüft und gewartet.

Quellen: Der Großteil der verwendeten Texte stammt von der Seite www.Deutsche-Leuchtfeuer.de. Verwendung der Texte mit freundlicher Genehmigung von Erich Hartmann, Hamminkeln.

BOYENS
BUCHVERLAG

ISBN 978-3-8042-1469-9

4. Auflage 2025
© 2017 by Boyens Buchverlag GmbH & Co. KG
Wulf-Isebrand-Platz 1–3
25746 Heide
buchverlag@boyens-medien.de
Herstellung: Boyens Buchverlag
Info und Kontakt: www.Leuchtturm-Malbuch.de
Druck: Printed in Europe

www.boyens-buchverlag.de